경전 7

아뜨마 보다

경전 7

참나 지식

아뜨마 보다

샹까라짜리야 지음
김병채 옮김

Atma Bodha

슈리 크리슈나다스 아쉬람

Bhagavan Sri Ramana Maharshi

To Yusuke

1.

순수해졌고

평화로운 마음을 가지고 있으며

감각적 욕망으로부터 자유로워진

해방을 찾는 사람들의 바람을

충족시켜 주기 위해서

이 책이 만들어졌습니다.

2.

음식을 만드는데

쌀, 채소, 물, 항아리 등이 필요하지만

실제로 음식을 만드는 것은 불입니다.

여러 수행은 지식[1]의 길을

추구할 수 있도록

몸과 마음을 정화해 주는 것들입니다.

참나 지식이 없이는

해방을 얻을 수 없습니다.

---

1 갸나[jnana], 아뜨만과 브람만이 하나라는 비이원의 지식. 상대적인 세상이 아니라 절대적 하나만이 있다는 것을 아는 것.

3.

행위는 무지를 없앨 수 없습니다.

왜냐하면 행위는

무지와 충돌하지^{conflict} 않기 때문입니다.

빛이 깊은 어둠을 몰아내는 것과 마찬가지로

지식이

무지를 파괴합니다.

4.

무지 때문에

참나는 한계[2]가 있는 것처럼 보입니다.

구름이 지나가면

태양이 드러나듯이

무지가 제거되면

어떤 다양성도 허락하지 않는 참나가

저절로[3] 빛납니다.

---

2 동물, 인간, 신 등.
3 의식, 독서나 기도 등의 도움이 없이.

5.

까따까 견과 분말[4]이

더러운 물을 깨끗하게 하고 난 뒤에

사라지듯이

지속적인 지식의 수행[5]은

무지로 더렵혀진

자아 중심적인 자기를 정화한 후

사라집니다.

---

4 물을 정화하는데 사용되는 견과류 분말.
5 브람만에 대한 끝없는 명상.

6.

집착과 혐오, 사랑과 미움,

고통과 기쁨 등과 같은 것들로

가득 차 있는 이 세상은

꿈과 같은 것입니다.

무지로 있는 한

실제인 것처럼 보이지만

깨어나면

실제가 아닌 것으로 드러납니다.

7.

해변의 조개껍질은

달밤에 은인 것처럼 보이지만

가까이 가보면 은이 아닙니다.

이와 마찬가지로

모든 것[6]의 유일한 토대인

비이원의 브람만을 알지 못하는 한

세상은 실제인 것처럼 보입니다.

---

6 이름과 형상으로 있는 모든 것.

8.

바다 표면의 파도들처럼

이 세상은

모든 것의 원인이요 토대인

지고한 존재로부터

생겨나 존재하다가 사라집니다.

9.

금 장신구들은

비록 다른 모습과 이름을 가지고 있을지라도

본질적으로는 오로지 금입니다.

이와 마찬가지로

이름을 달리하고 있는

세상에 있는 모든 것들은

지각자의 상상이며

바탕에는

존재, 의식, 희열인 브람만이 있습니다.

10.

공간은

다양한 형상과 더불어 있어서

다양한 공간으로 나누어져 있는 것처럼 보이지만

형상을 제거하면

순수한 공간만이 남습니다.

이와 마찬가지로 무한한 실재는

다양한 첨가물[7] 때문에

다양한 것으로 보이지만

그것들이 파괴되면 하나가 됩니다.

---

[7] 우빠디^{upadhi}. 신, 인간, 동물 등과 같은 존재들.

11.

물이

그 안에 섞여 있는 것들 때문에

달고, 쓰고, 짠 등의 맛이 나듯이,

인종, 계급, 지위 같은 것들은

참나에 첨가된 것들입니다.

12.

기쁨과 고통 같은[8] 경험을 하는

거친 몸$^{\text{gross body}}$[9]은

과거의 행위의 결실을 거두어들여야 합니다.

그것은 자연의 다섯 거친 원소인

지, 수, 화, 풍, 공으로 만들어져있습니다[10].

---

8 상대적 세계에서 오는.
9 신체
10 거친 흙의 원소는 1/2의 흙과 다른 원소들 각각의 1/8 씩으로 이루어진다. 다른 것들 즉 물, 불 등도 마찬가지이다. 혼합되기 전 원시 상태의 다섯 가지 원소들을 딴마뜨라 한다. 예를 들어 딴마뜨라 흙은 다른 원소들이 전혀 없는 순수한 흙으로 평범한 감각으로는 인지할 수 없다.

13.

미묘한 몸$^{subtle\ body}$11은

다섯 쁘라나[12],

열 가지 기관[13],

마음과 지성으로 이루어져있습니다.

이 몸 또한

꿈속에서처럼

경험을 하는 도구입니다.

---

11 과거 행위에 의하여 만들어진 욕망의 자리. 거친 몸이 죽을 때도 사라지지 않음.
12 생명 에너지. 다섯 가지 기능을 몸 안에서 함. 코에서 느껴지는 생명력인 쁘라나^{prana}, 아래로 움직이는 아빠나^{apana}, 모든 방향으로 움직이는 브야나^{vyana}, 음식을 소화시키는 사마나^{samana}.
13 눈, 귀, 혀, 코, 피부의 다섯 감각 기관과 말(입), 손, 다리, 두 개의 배설 기관의 다섯 행위 기관.

14.

원인의 몸$^{causal\ body 14}$은

시작이 없고,

설명할 수 없는 무지로 되어있습니다.

깊은 잠에서 이것을 경험합니다.

모든 인간은

세 가지 몸 즉

거친 몸, 미묘한 몸, 원인의 몸을 가지고 있습니다.

그러나 참나는

이 세 몸과는 다르다는 것을 아십시오.

---

14 까라나 사리라$^{ksrana\ sareera}$. 깊은 수면을 취할 때의 몸. 그것은 감각과 마음의 활동이 없음을 목격하고 있으며 또 평화를 즐기고 있음. 진정한 성품에 가까이 있으며, 주체와 대상과의 관계는 없음. 그러나 무지의 베일을 쓰고 있어서 참나 지식은 아직 없음.

15.

그 자체로는 색이 없는

투명한 수정이 그 배경에 따라

붉은 색, 푸른 색, 노란 색 등으로 보이듯이

순수하고 흠이 없는 참나는

다섯 덮개[15]와 함께하면[16]

신체, 감각, 마음, 지성 및

희열에 찬 무지[17]로 보입니다.

---

15 참나는 다섯 덮개로 감싸아져 있음. 음식으로 된 덮개인 안나마야 꼬샤, 바이탈 에너지의 덮개인 쁘라나마야 꼬샤, 마음의 덮개인 마노마야 꼬샤, 지성의 덮개인 비갸나마야 꼬샤. 이것들은 미묘한 몸에 해당됨. 기쁨의 덮개인 아난다마야 꼬샤는 원인의 몸에 해당됨. 이것은 진정한 아난다 즉 기쁨이 아님.
16 의식인 참나와 물질인 몸들과 함께 하면.
17 빤짜 꼬샤: 다섯 덮개. gross body인 신체의 몸과 subtle body인 쁘라나, 마음, 지성과 causal body인 기쁨의 덮개.

16.

논에서 거두어들인 벼를

껍질, 겨 등으로부터 분리하듯이

식별로[18]

순수하고 가장 깊은 곳에 있는

참나[19]를 감싸고 있는

다섯 덮개[20]로부터

잘 분리하십시오.

---

[18] 덮개들을 식별하는.
[19] 다섯 덮개를 지각하는 자.
[20] 이것들은 물질적이며, 둔하며, 변할 수 있는 것임.

17.

참나는 언제 어디에서나 존재하지만

모든 것에서 빛을 내지는 않습니다.

깨끗한 물이나 얼룩이 없는 거울에서

모습이 잘 보이듯이

정화된 지성[21]의 사람에게서만

분명히 보입니다.

---

21 붓디^{Buddhi}, 깨끗한 지성.

18.

참나는

신체, 감각, 마음, 지성과

아직 분화가 일어나지 않고 있는$^{\text{non-differentiated}}$

쁘라끄리띠[22]와는 다릅니다.

참나는 왕처럼

그것들의 작용을

지켜보는 자[23]입니다.

---

22 gross nature, 물질, 참나에서 나온 모든 것들은 물질임. 이것은 참나에서 현현한 것임으로 마야(환영)이라고도 함.
23 목격자, witness, 자신의 신하들인 것처럼 신체 감각 등을 지켜보는 …

19.

무지한 사람은

달 앞에 구름이 지나가는 것을 보고

달이 움직인다고 생각합니다.

식별력이 부족한 사람들은

감각 기관들이 작용할 때

참나가 작용하는 것처럼 봅니다.

20.

햇빛[24]의 도움으로

사람들이 일을 하는 것과 마찬가지로

참나에 내재하고 있는

의식의 도움으로

몸, 감각, 마음 그리고 지성은

그들 각각의 활동을 합니다.

---

24 태양은 초연한 채로 있음.

21.

하늘을 푸르거나 오목하다고 여기듯이

식별력이 부족한 사람들은

오점이 없으며

존재, 의식, 희열로 있는 참나에

몸과 감각의 특징[25]과 기능을 첨가합니다.

---

25 몸의 특징은 태어나고 성장하고, 늙고, 죽는 것. 그리고 움직이고 말하는 등. 감각의 특징은 보거나 듣거나 하는 등.

22.

무지로

호수에서 출렁이는 물을 보고

달이 출렁인다고 생각하듯이

마음[26]에 속하는

좋거나 나쁨, 고통이나 즐거움 등을

참나[27]가 그렇게 한다고 생각합니다.

---

26 개인화된 존재가 지니고 있음. 참나의 그림자.
27 참나는 나라는 생각이 없으므로 경험에 대한 개념으로부터 자유로움.

23.

집착, 욕망, 즐거움, 고통 등은
마음이나 지성이 기능하는 한[28]
존재하는 것으로 지각됩니다,
그것들이 존재하기를 그치는
깊은 수면[29]에서는 느끼지 못합니다.
그러므로 그것들은
마음이나 지성에 속하는 것이지
참나에 속하는 것은 아닙니다.

---

28 깨어있을 때나 꿈을 꿀 때
29 이때 마음은 그것의 원인인 무지 속으로 들어감.

24.

태양의 본성은 빛나는 것이며

물의 본성은 서늘함이며

불의 본성은 열이듯이

이와 마찬가지로

참나의 본성은

존재, 의식, 희열, 영원과 순수입니다.

25.

식별의 부족으로

빛나는 순수한 의식인 참나[30]를

마음의 파동[31]과 섞을 때[32]

'나는 안다.'와 같은 개념이 만들어집니다.

---

30 시공간이 없는 절대적인 존재, 의식, 희열이며, 동질적이며 나누어지지 않으며, 부분이 없음.
31 마음은 과거 사건의 기억이나 어떤 사물을 봄으로 구나들 즉 삿뜨바(밝음), 라자스(열정), 따마스(둔함) 중 하나를 자극함으로 파동 즉 브릿띠를 일어나게 함. 그것이 참나에 비침.
32 서로 모순된 것임. 빛과 어두움처럼 섞이는 것이 불가능함을 아는 것.

26.

참나는

결코 변화하지[33] 않으며 의식입니다.

지성[34]이나 마음[35]은

결코 의식을 지니지 않고 있습니다.

그러나 참나를

마음이나 지성과 동일시하는 사람들은

자신[36]이 아는 자, 보는 자, 행위자라는

미혹에 떨어집니다.

---

33 변화는 오직 물질의 영역임.
34 식별하는 기능을 함.
35 의심하는 기능을 함. 지성이나 마음은 둔한 물질임.
36 지바^{jiva}, 개별적 영혼.

27.

밧줄을 뱀으로 착각하면

그것에 닿을까봐 강한 두려움이 일어납니다.

자신을 자아라고 여기면

실존적 두려움이 일어납니다.

분명한 지식으로

참나를 깨달았을 때

그러한 반응은 사라지며

아무것도 결코 두려워하지 않게 됩니다.

28.

램프가

사물을 빛나게 하듯이

참나만이

감각, 마음 등을 빛나게 합니다.

그러나 이 미묘한 물질적 대상들은

스스로를 빛나게 하지 못합니다.

29.

불이 켜진 램프는

그것의 빛을 나타내도록 하기 위한

다른 램프를 필요로 하지 않습니다.

이와 마찬가지로

스스로 눈부시게 빛나는 의식인 참나는

자신을 빛나게 하기 위한

다른 의식의 도구를 필요로 하지 않습니다.

30.

우빠니샤드의 가르침인

'그것은 이것이 아니다', '그것은 이것이 아니다'[37]로

모든 첨가물들을 부인하고[38] 난 뒤

마하바끼야^{mahavakya}[39]에서 선언하는

"참나[40]와 브람만[41]이 하나다."라는 것을

아십시오.

---

37 neti, neti. 베다의 가르침으로 첨가물 즉 gross boy, subtle body와 causal body가 없어질 때까지 모든 첨가물을 제거하는 과정.
38 제거하고
39 베다의 위대한 경구. 베다veda 최고의 에센스인 네 가지 위대한 금언. 리그베다의 아이따레야, 우빠니샤드에는 쁘라갸남 브람만$^{Prajnanam\ Brahma}$, 즉 절대적 의식이 브람만이다 라는 금언이, 야주르 베다의 브리하다란야까 우빠니샤드에는 아함 브람마스미$^{Aham\ Brahmasmi}$, 즉 나는 브람만이다 라는 금언이, 사마 베다의 짠도기야 우빠니샤드에는 땃 뜨밤 아시$^{Tat\ tvam\ asi}$ 즉 그것^{That}이 너이다 라는 금언이, 아따르바 베디의 만두꺄 우빠니사드에는 아얌 아뜨마 브람만$^{Ayam\ Atma\ Brabma}$ 즉 이 아뜨마가 브람만이다 라는 금언이 있음. 이 모두는 아뜨만과 지고한 의식인 브람만이 하나라는 것을 말하고 있음.
40 개별적 참나.
41 지고한 참나라고도 함. 모든 존재의 참나.

31.

몸 등 세상의 모든 것들은

무지[42]에 의하여 만들어졌으며

바다의 파도와 같이

소멸될 수 있는 것들입니다.

식별로 그대가 그것들과 완전히 다른

오점이 없는 브람만이라는 것을

아십시오.

---

42 모든 대상들은 무지의 창조물임.

32

참나는 시간의 한계를 지닌
신체적 몸이 아니기 때문에,
태어남, 노년, 쇠약과 죽음이 없습니다.
참나는 감각 기관들이 없이 있기 때문에
소리, 맛 등과 같은 감각 대상들과는
전혀 관계하지 않고 있습니다.

33[43].

참나는 마음이 아니기 때문에

슬픔, 집착, 원한, 공포 등이 없습니다.

우빠니샤드에서는 다음과 같이 말합니다.

"참나는 호흡이 없으며

마음이 없으며 순수하며

높은 것보다 더 높으며

불멸합니다."

---

43 33에서 36까지는 따이띠리야 등과 같은 우빠니샤드에서 정의하고 있는 브람만에 대한 내용임.

34.

"참나는 속성[44]과 행위들이 없으며[45]

영원하며[46]

얼룩이나 욕망이 없으며

변화가 없으며

형상이 없으며

항상 자유로우며

순수합니다."

---

44 쁘라끄리띠 즉 물질의 속성인 삿뜨바, 라자스와 따마스.
45 몸, 감각과 마음이 아니기 때문임.
46 시간, 공간 및 인과에 영향을 받지 않기 때문에.

35.

"참나는 공간처럼

모든 것의 안과 밖을 채우고 있으며

변화가 없으며,

모든 것 안에서 같으며

순수하며, 집착이 없으며

오점이 없으며, 불변입니다."

36.

"참나는 영원하며[47], 순수하며[48],

늘 해방되어 있으며[49],

하나(one)이며[50],

희열이며

존재[51], 지식[52], 무한[53]인

정말이지 그 지고한 브람만입니다."

---

47 nitya
48 shuddha, 무지가 없는.
49 탄생, 변화 및 죽음이 있는 상대적인 현현의 세상 너머에 있는.
50 완전히 혼자이며
51 satyam
52 jnanam
53 anantam

37.

약이 병을 없애듯이

'나는 브람만이다.'에 대한

끊임없는 숙고^{reflection}는

무지와 마음의 동요[54]를 파괴합니다.

---

[54] 바사나^{vasana}, 즉 잠재된 마음의 경향성.

38.

한적한 곳에 앉아서

감각 기관을 통제하고

마음을 산만하지 않게 하고는

둘이 없는 하나이며 무한인

참나에 확고부동한 집중으로

명상을 하십시오.

39.

명상자는 총명한^{intelligent} 식별로

온 세상을

참나에 들어가게 하여[55]

참나 만이 남을 때까지

명상을 해야 합니다.

이 참나가 맑은 가을 하늘처럼

깨끗하다[56]는 것을 항상 생각하십시오.

---

55 되게 하고, 참나와 떨어져 있는 것은 존재하지 않음.
56 비를 오게 하는 구름이 없음.

40.

이름과 형상을 지닌

모든 대상들을 버렸기에

지고한 목표에 이른 사람은

무한한 의식과

희열로 있을 것입니다.

41.

대단한 희열[57] 때문에

지고한 참나는

'아는 자', '지식', '지식의 대상'이라는

구분은 남아 있지 않을 것입니다.

참나는 오로지 그 자신으로 빛납니다.

---

57 낮은 수준인 사비깔빠 사마디에서는 아는 자, 지식, 지식의 대상이 지각됨. 그러나 이 구분은 니르비깔빠 사마디에서는 사라지며, 그 사람은 완전히 브람만에 흡수됨.

42.

이러한 방식으로

끊임없이 명상[58]을 함으로

두 조각의 나무 즉 참나와 자아를 비비면

지식[59]의 불이 켜집니다.

이 지식의 불은

모든 무지를

완전히 태워버릴 것입니다.

---

58 옛날 사람들은 두 조각의 나무를 비빔으로 신성한 불을 얻었음. 낮은 곳에는 마음, 높은 곳에는 브람만 혹은 브람만을 상징하는 '옴'을 비비면.
59 참나와 브람만이 하나라는 지식.

43.

여명이

밤의 어두움을 쫓아버리고 나면

해가 떠오르듯이

이와 마찬가지로

지식에 의해 무지가 파괴되면

눈부신 아름다움으로

참나가 떠오릅니다.

44.

참나는 지금 바로 여기에

늘 있습니다.

지금 참나는 무지로 인하여

드러나지 않습니다.

무지[60]가 파괴되면

마치 자신의 목에 이미 늘 걸려 있는

목걸이[61]처럼

새로 얻어지는 것처럼 보입니다.

---

60 나는 몸이다, 나는 마음이다 라는 생각.
61 귀중한 목걸이를 한 여인이 그 목걸이를 잃어버려 걱정하였다. 모든 곳을 찾아 헤매며, 다른 이들에게 그녀를 도와달라고 요청하였다. 결국에는 어떤 사람이 간단하게 그 목걸이는 그녀의 목에 있다고 지적하여 그것을 찾았다.

45.

밤의 어둠 속에서는

기둥을 사람으로 착각할 수 있듯이

브람만은 무지로 인하여

자아로 나타납니다.

자아가

자신이 브람만과

하나라는 것을 깨달을 때

자아 중심적인 잘못된 개별성은

사라집니다.

46.

해가 떠올라

어두움이 파괴되면

동쪽 서쪽 남쪽 북쪽의 방향을 알 수 있듯이

이와 마찬가지로 자신의 진정한 성품을 깨달으면

'나'와 '나의 것'이라는

잘못된 개념은

즉시 사라집니다.

47.

완전한 깨달음[62]을 얻은 사람은

지혜의 눈[63]으로

온 우주가

자신의 참나 안에 있음을 보며

모든 것을 다른 것이 아니라

자신의 참나로 여깁니다.

---

62 참나와 브람만의 완전한 동일시를 이룬 사람.
63 jnana cakshush, 지식의 눈.

48.

온 우주는 정말이지 참나입니다.

참나가 아닌 것은

아무 것도 존재하지 않습니다.

점토로 만들어진 항아리는

오로지 점토이듯이

깨달음을 얻은 사람에게는

모든 것이 참나입니다.

49.

참나의 신성한 성품을 깨달은 사람은

몸, 감각, 마음과 같은

자신의 낮은 속성들을 버립니다[64].

자신이 존재, 의식, 희열인

절대자라는 것을

깨닫기 때문에

마치 애벌레가 나비[65]가 되듯이

그는 정말로 브람만이 됩니다.

---

64 삼킵니다.
65 원문에서는 말벌이라는 용어를 사용하고 있음.

50.

좋아함[66]과 싫어함[67] 등의 괴물을 죽여

미혹의 바다를 건넌 요기는

평화와 하나가 되며

참나 깨달음에서 오는

희열에 머물게 됩니다.

---

66 raga.
67 dvesha.

51.

일시적이고 외적인 행복을 위한

모든 욕망에서 자유로워진 사람은

항아리 안에 둔 등불처럼

안에 있는[68]

지고한 브람만의 빛을 볼 것입니다.

---

[68] 깨닫지 못한 사람들은 감각 기관을 통하여 마음이 외적 대상들을 향하여 빛남. 그러나 깨달은 사람은 안으로 향하여 참나의 빛을 봄.

52.

비록 몸, 감각 및 마음과

더불어 살고 있을지라도,

그는 하늘처럼

그것들의 특성[69]에 의하여 오염되지 않습니다.

그는 전지한 자이기에

알지 못하는 바보처럼[70] 있으며

그것에 닿는 것들에 의해

오염되지 않는 공기처럼

돌아다닙니다.

---

69 태어남, 성장, 노쇠 및 죽음.
70 고요하고 침묵하는.

53.

모든 첨가물들이 사라지면

명상의 현자는

물이 물속으로

불이 불 속으로

공간이 공간 속으로

빛이 빛 속으로 들어가듯이

모든 곳에 퍼져 있는

존재[71] 속으로 전적으로 합쳐집니다.

---

71 모든 곳에 편재하고 있는 신인 비슈누, 혹은 브람만, 혹은 진리, 혹은 살쟈.

54.

이것을 얻는 것

이상의 얻음은 없고

이 희열 이상의

희열은 없고

이 지식을 넘어서는

지식은 없습니다.

이것이 브람만임을 아십시오.

55.

그것을 보게 되면

더 보아야 할 것이 없으며

그것이 되면

이 세상에 다시 태어나지 않으며

그것을 알면

더 이상 알아야 할 것이 없습니다.

그것이 브람만임을 아십시오.

56[72].

존재, 의식, 희열인 절대자이며

비이원이며 무한하며

영원하고 하나이며

위에, 아래에 그리고

그 어디에나 만연하고 있는 존재.

그것이 브람만임을 아십시오.

---

72 브람만에 대한 이 기술은 문다까 우빠니샤드에 있음.

57.

비이원이며,

분할할 수 없으며

하나이며

희열로 있으며 그리고

베단따가 말하는

'이것이 그것은 아니다, 이것이 그것은 아니다.[73]'로

모든 모습을 지니고 있는 대상을 제거한 후에

더 이상 축소할 수 없는

불변의 바탕.

그것이 브람만임을 아십시오.

---

[73] 모든 첨가물, 모든 몸들을 부인하는 과정. 네띠^{neti}, 네띠^{neti}.

58.

모든 장소와

과거, 현재, 미래의 모든 시간에

모든 창조물이

경험하는 희열은

브람만의 희열의

일조^{trillionth} 분의 일에 불과합니다.

59.

모든 대상들은

브람만으로 퍼져 있습니다.

모든 행위는

브람만 때문에 가능합니다.

버터가

우유에 스며들어 있듯이[74]

브람만은

모든 것에 스며들어 있습니다.

---

[74] 버터는 우유에 퍼져 있지만 바로 보이지는 않는다. 교유기에서 휘젓는 과정을 거쳐야 버터를 얻는다. 강렬한 명상에 의해서만 브람만을 깨닫는 것이 가능하다고 한다.

60.

브람만은

미묘하지도 거칠지도 않으며

짧거나 길지도 않으며

태어남과 변화가 없으며

속성[75], 색상, 이름과 형상이 없습니다[76].

---

[75] 구나 즉 속성들.
[76] 브리하다란야까 우빠니샤드 3장 참조.

61.

태양, 달 같은

빛나는 모든 천체들이

브람만의 빛으로

빛을 발하지만

그것들은

브람만을 빛나게 할 수 없습니다.

그것이 브람만임을 아십시오.

62.

쇠공 속으로 들어간 불이

붉은 쇠공[77]의

안과 밖으로 빛나듯이

의식의 불인 브람만은

온 우주의 안과 밖으로 널리 퍼지면서

그 스스로도 빛나고 있습니다.

---

[77] 불과 오래 동안 접촉하고 있으면 쇠공은 불 그 자체처럼 빛난다.

63.

브람만은

우주와는 전적으로 다르지만

브람만이 아닌 것은

우주에는 아무 것도 존재하지 않습니다.

브람만이 아닌 것이

우주에 존재하고 있다면

그것은 신기루의 물처럼

환영일 뿐입니다.

64.

감각 기관들로

보고 듣는 모든 것이

브람만입니다.

실재에 대한 이 지식을 얻으면,

그 사람은 우주를

둘이 아니며

존재, 의식, 희열로 있는

브람만으로 봅니다.

65.

비록 참나 만이

실재이자 의식이며

모든 곳에 늘 있지만

그러나 그것은 지혜의 눈에 의해서만 보입니다.

눈먼 사람은

태양이 아무리 빛나도 볼 수 없듯이

무지로 시야가 가려진 사람은

빛나는 참나를 볼 수 없습니다.

66.

지바[78]는 듣기, 깊은 추론과

깊은 명상[79]에 의해 켜진

지식의 불[80]로

순수하지 못한 생각들로부터

정화됩니다.

그때 그 사람은

순수한 금처럼

그 스스로 빛납니다[81].

---

78 지바^{jiva}, 이원적인 세상에 살고 있는 인간.
79 듣기(hearing)^{sravana}, 깊이 생각하기(reflection)^{manana}, 깊은 명상(meditation)^{nidhidyasana}.
80 의심과 오류가 없는.
81 여타의 수련이 필요하지 않고 참나가 드러남. 영적 수련은 마음의 불순물을 없애기 위한 것임.

67.

가슴의 광활한 창공[82]에 떠오른

지식의 태양[83]인 참나는

무지의 어두움을 파괴합니다.

참나는 편재하며

모든 것을 지탱하며

우주에 있는 모든 것을 빛나게 하며

그 스스로도 빛납니다.

---

82 붓디 즉 지성에.
83 빛과 의식의 궁극의 근원.

68.

모든 활동[84]을 그만두고

시간, 장소, 거리와 무관하며

지금 여기나 모든 곳에 있으며

더위와 추위 등

모든 상반되는 것들[85]의 파괴자이며

영원한 행복을 주는 자인

참나의 신성하고 오점이 없는 지성소[86]를 숭배하여

맑고 따뜻하며 늘 상쾌한

참나의 물에 목욕하는 사람은

---

84 세상적인 의무.
85 상대적인 세상에서만 있음.
86 아뜨만이 정말로 성스러운 강임.

모든 것을 알며

모든 것에 편재하며

불멸에 이릅니다[87].

---

87 몸 안에 살고 있는 동안에는 자유의 희열을 즐기며 죽은 후에는 무한한 브람만-의식에 흡수됨.

참고한 경전

James Swartz, *SELF-KNOWLEDGE*, http://www.nevernotpresent.com/source-texts/atma-bodha-self-realization-2/

Sri Ramanasramam, *Parayana: The Poetic Works of Bhagavan Sri Ramana Maharshi*, Sri Ramanasramam, Tiruvannamalai, 2006.

Swami Chinmayananda, Atma Bodha, http://atmabodhabashya.blogspot.kr/

Swami Guru Bhaktananda, *ATMA BODHA, Knowledge of the Supreme Self*, Rishikeshi, 2017.

Swami Nikhilananda, *Self-Knowledge : An English Translation of Sankaracharya's Atmabodha with Notes, Comments, and Introduction*, Ramakrishna-Vivekananda Center, 1974.

경전 7
참나 지식
아뜨마 보다

초판발행 2017년 12월 15일

지은이 샹까라짜리야
옮긴이 김병채

펴낸이 황정선
출판등록 2003년 7월 7일 제62호
펴낸곳 슈리 크리슈나다스 아쉬람
주   소 경상남도 창원시 의창구 북면 신리길 35번길 12-9
대표전화 (055) 299-1399
팩시밀리 (055) 299-1373

전자우편 krishnadass@hanmail.net
홈페이지 www.krishnadass.com

ISBN 978-89-91596-56-6   03270

* 잘못 만들어진 책은 바꾸어 드립니다.